Impressum
Verlag: BABADADA GmbH, Nedderfeld 112 , 22529 Hamburg
Geschäftsführer / Verlagsleitung: Harald Hof
Druck: Books on Demand GmbH, In de Tarpen 42, 22848 Norderstedt

Imprint
Publisher: BABADADA GmbH, Nedderfeld 112 , 22529 Hamburg, Germany
Managing Director / Publishing direction: Harald Hof
Print: Books on Demand GmbH, In de Tarpen 42, 22848 Norderstedt, Germany

школа

училище

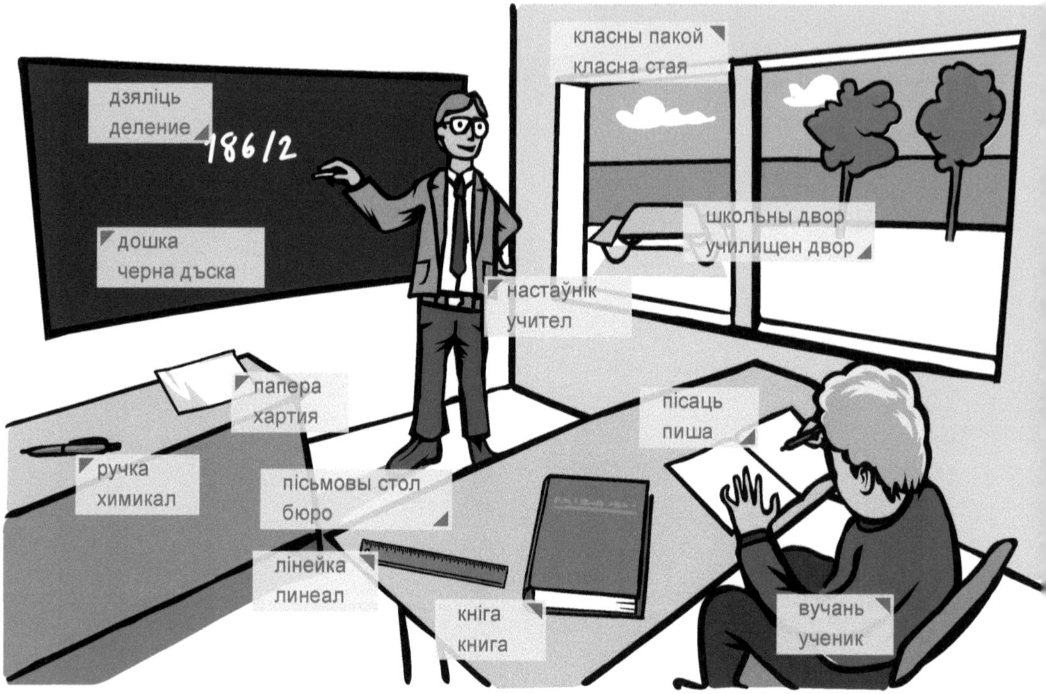
класны пакой
класна стая
дзяліць
деление
186/2
школьны двор
училищен двор
дошка
черна дъска
настаўнік
учител
папера
хартия
пісаць
пиша
ручка
химикал
пісьмовы стол
бюро
лінейка
линеал
кніга
книга
вучань
ученик

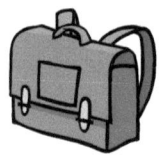

ранец

ученическа раница

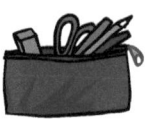

пенал

ученически несесер

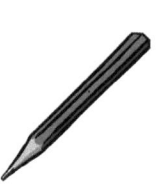

просты аловак

молив

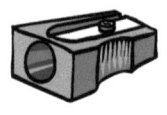

тачылка для алоўкаў

острилка за моливи

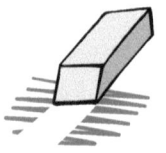

гумка

гума

альбом для малявання

блок за рисуване

малюнак

рисунка

пэндзлік

четка

фарбы

акварелни бои

нажніцы

ножица

клей

лепило

сшытак

тетрадка за упражнения

хатняе заданне

домашна работа

лік

число

дадаваць

събиране

адымаць

изваждане

множыць

умножение

лічыць

смятане

літара

буква

алфавіт

азбука

слова

дума

тэкст

текст

чытаць

чета

крэйда

тебешир

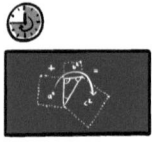

ўрок

час

класны журнал

дневник на класа

экзамен

изпит

атэстат

свидетелство

школьная форма

ученическа униформа

адукацыя

образование

энцыклапедыя

справочник

універсітэт

университет

мікраскоп

микроскоп

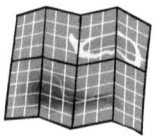

карта

карта

смеццевы кошык

кошче за хартиени
отпадъци

падарожжа
пътуване

Grand
гатэль
хотел
хостэл
хостел
ROOMS
CHANGE
абменны пункт
обменно бюро
чамадан
куфар
аўтамабіль
кола

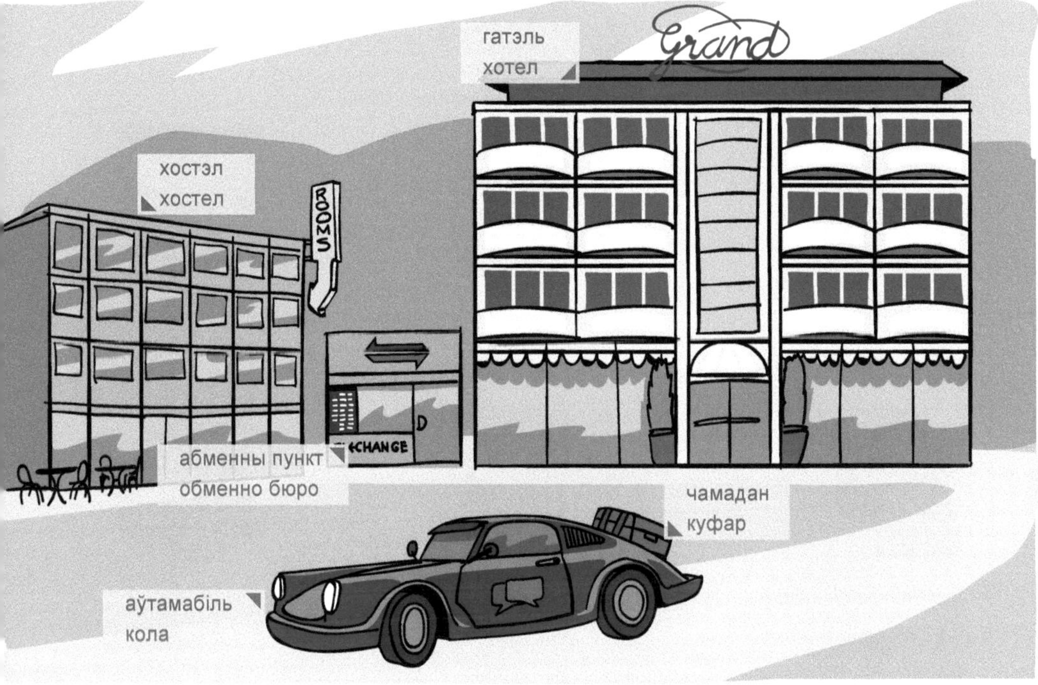

мова
език

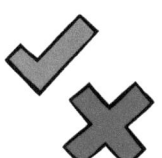

так / не
да / не

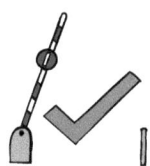

добра
Окей

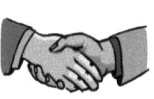

прывітанне!
здравей

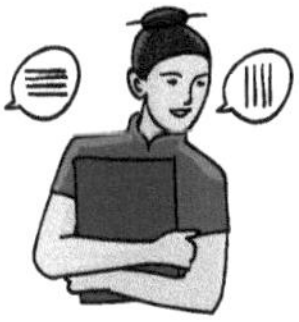

перакладчык
преводач

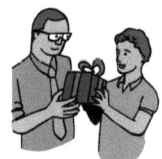

дзякуй
Благодаря

Колькі каштуе….?

Колко струва…?

я не разумею

Не разбирам

праблема

проблем

Добры вечар!

Добър вечер!

Добрай раніцы!

Добро утро!

Дабранач!

Лека нощ!

да пабачэння

довиждане

кірунак

посока

багаж

багаж

сумка

пътна чанта

заплечнік

раница

госць

посетител

пакой

стая

спальны мяшок

спален чувал

палатка

палатка

інфармацыя для турыстаў

туристическа информация

пляж

плаж

крэдытная картка

кредитна карта

снеданне

закуска

абед

обед

вячэра

вечеря

праязны білет

билет

ліфт

асансьор

паштовая марка

пощенска марка

мяжа

граница

мытня

митница

пасольства

посолство

віза

виза

пашпарт

паспорт

транспарт

транспорт

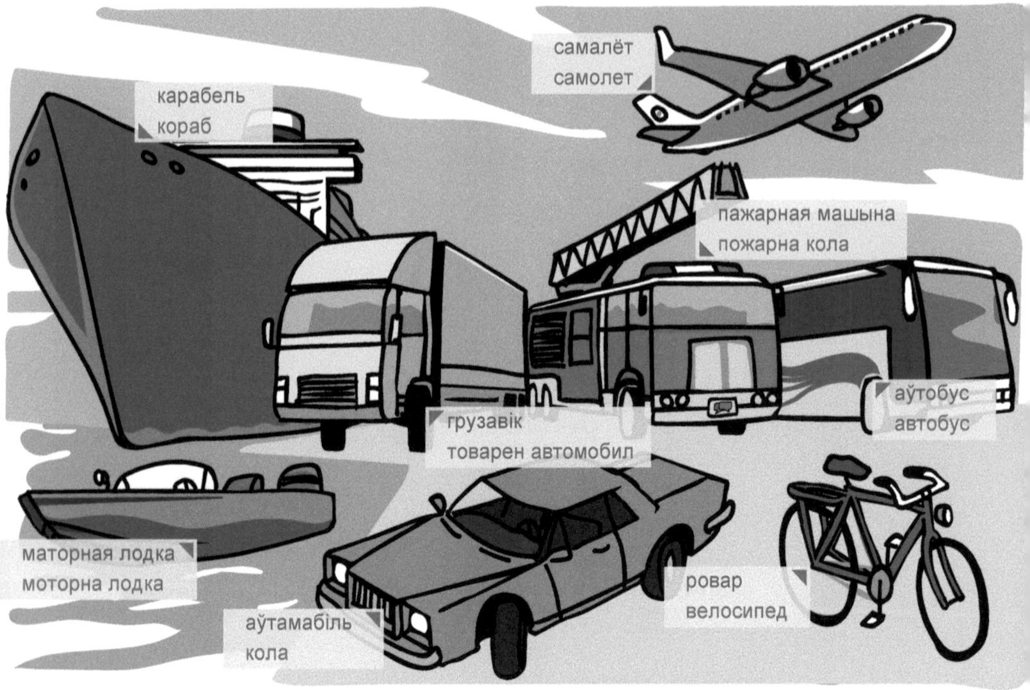
самалёт
самолет
карабель
кораб
пажарная машына
пожарна кола
аўтобус
автобус
грузавік
товарен автомобил
маторная лодка
моторна лодка
ровар
велосипед
аўтамабіль
кола

парам

ферибот

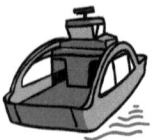

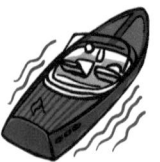

лодка

лодка

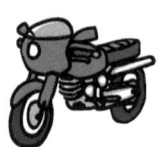

матацыкл

мотоциклет

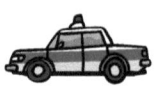

паліцэйская машына

полицейска кола

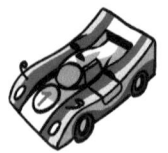

гоначны аўтамабіль

състезателна кола

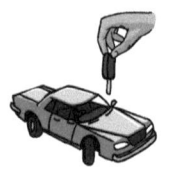

арэндаваны аўтамабіль

кола под наем

сумеснае карыстанне
аўтамабілем

каршеринг

эвакуатар

автомобил от "Пътна
помощ"

смеццявоз

сметовоз

матор

двигател

паліва

бензин

запраўка

бензиностанция

дарожны знак

пътен знак

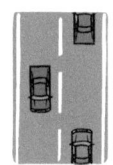

дарожны рух

улично движение

затор

задръстване

паркоўка

паркинг

чыгуначная станцыя

гара

рэйкі

релси

цягнік

влак

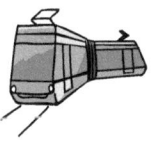

трамвай

трамвай

вагон

вагон

верталёт

хеликоптер

аэрапорт

аэрогара

вежа

кула

пасажыр

пасажер

кантэйнер

контейнер

кардонная скрыня

кашон

тачка

ръчна количка

карзіна

кошница

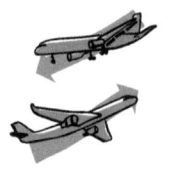

ўзлятаць / прызямляцца

излитам / приземявам се

горад

град

вёска

село

цэнтр горада

градски център

дом

къща

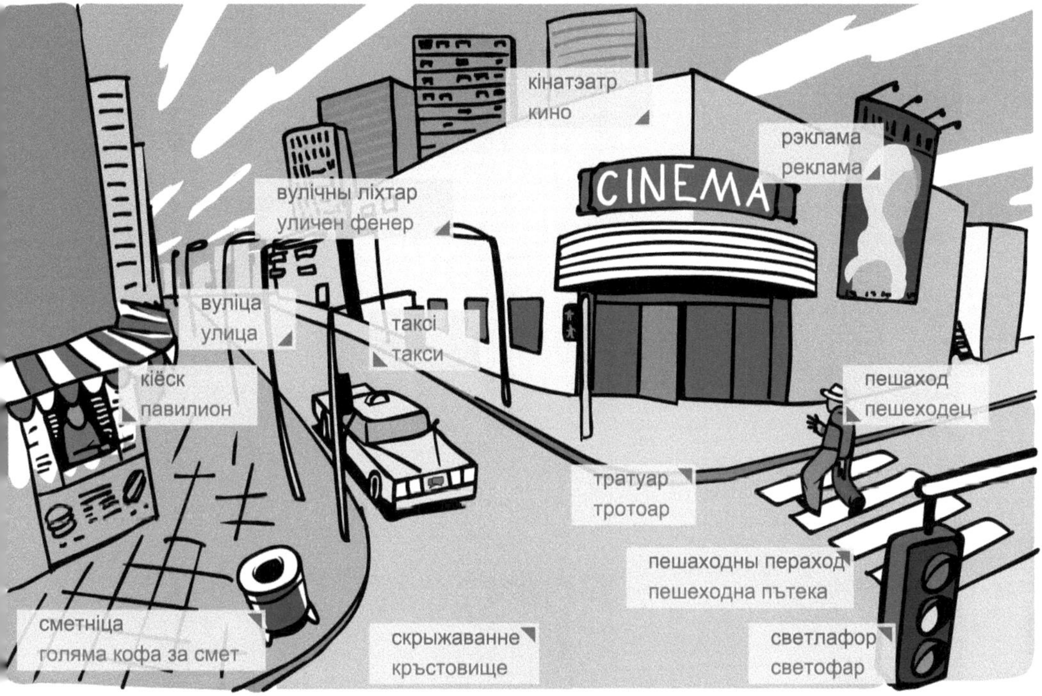

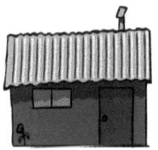

кінатэатр
кино
рэклама
реклама
CINEMA
вулічны ліхтар
уличен фенер
вуліца
улица
таксі
такси
кіёск
павилион
пешаход
пешеходец
тратуар
тротоар
пешаходны пераход
пешеходна пътека
сметніца
голяма кофа за смет
скрыжаванне
кръстовище
светлафор
светофар

халупа

хижа

кватэра

жилище

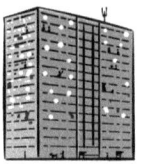

чыгуначная станцыя

гара

ратуша

кметство

MUSEUM

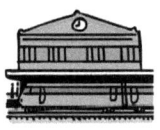

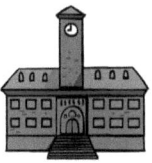

музей

музей

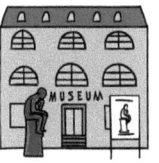

школа

училище

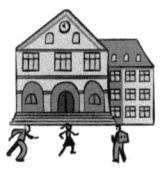

універсітэт

университет

банк

банка

шпіталь

болница

гатэль

хотел

аптэка

аптека

офіс

офис

кнігарня

книжарница

крама

магазин за цветя

кветкавая крама

магазин за цветя

супермаркет

супермаркет

кірмаш

пазар

універмаг

универсален магазин

рыбная крама

търговец на риба

гандлевы цэнтр

търговски център

порт

пристанище

парк
парк

лава
пейка

мост
мост

лесвіца
стълба

метро
метро

тунэль
тунел

прыпынак
автобусна спирка

бар
бар

рэстаран
ресторант

паштовая скрыня
пощенска кутия

вулічны паказальнік
улична табелка

паркамат
часовник за паркинг
престой

заапарк
зоологическа градина

басейн
плувен басейн

мячэць
джамия

сядзіба

селски двор

забруджванне
навакольнага асяроддзя

замърсяване на околната
среда

могілкі

гробище

царква

църква

пляцоўка для гульні

детска площадка

храм

храм

краявід

пейзаж

ліст
листо

паказальнік
пътепоказател

дарога
път

луг
ливада

камень
камък

дрэва
дърво

падарожнік
пътешественик

рака
река

трава
трева

кветка
цвете

даліна
долина

гара
планина

возера
море

лес
гора

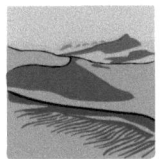

пустыня
пустиня

вулкан
вулкан

замак
замък

вясёлка
дъга

грыб
гъба

пальма
палма

камар
комар

муха
муха

мурашка
мравка

пчала
пчела

павук
паяк

жук

бръмбар

жаба

жаба

вавёрка

катеричка

вожык

таралеж

заяц

заек

сава

кукумявка

птушка

птица

лебедзь

лебед

дзік

диво прасе

алень

елен

лось

лос

плаціна

бент

вятрак

вятърна турбина

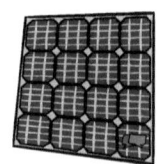

сонечная батарэя

соларен модул

клімат

климат

рэстаран

ресторант

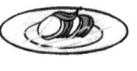

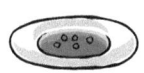

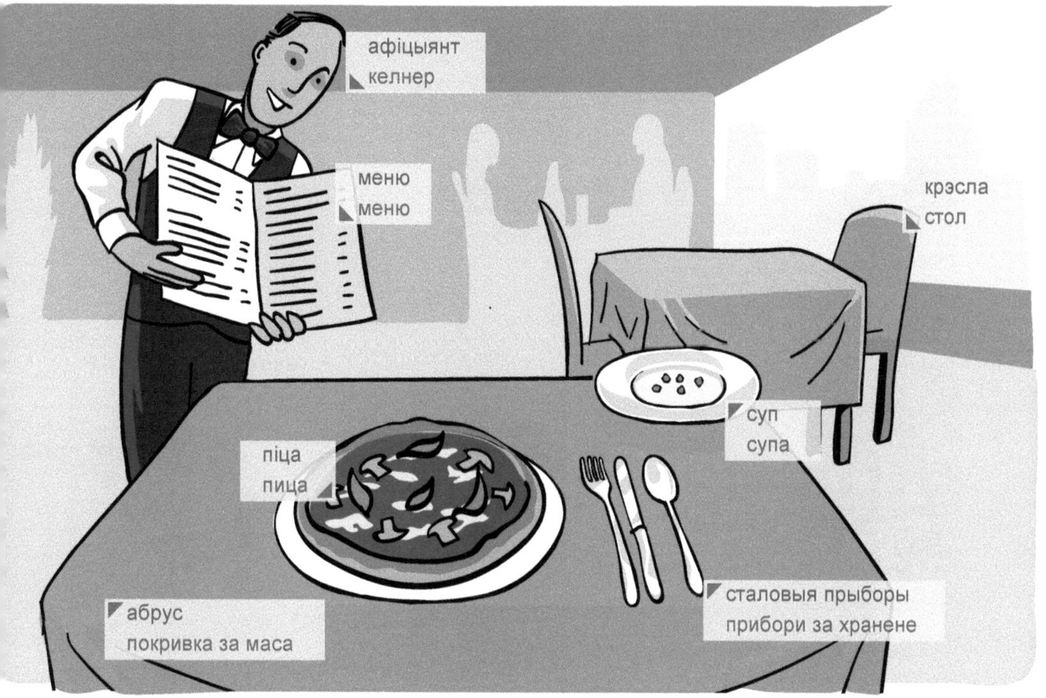
афіцыянт
келнер
меню
меню
крэсла
стол
суп
супа
піца
пица
сталовыя прыборы
прибори за хранене
абрус
покривка за маса

закуска

предястие

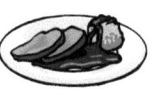

другая страва

основно ястие

дэсерт

десерт

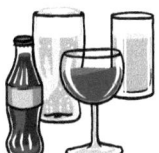

напоі

напитки

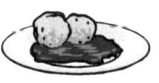

ежа

ядене

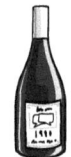

бутэлька

бутилка

хуткае харчаванне (фаст-фуд)

бързо хранене

стрыт-фуд

улична храна

імбрык (чайнік)

кана за чай

цукарніца

кутия за захар

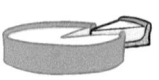

порцыя

порция

эспрэса-машына

еспресо машина

дзіцячае крэселка

висок детски стол

рахунак

сметка

паднос

табла

нож

ножица за нокти

відэлец

вилица

лыжка

лъжица

чайная лыжка

чаена лъжичка

сурвэтка

салфетка

шклянка

стъклена чаша

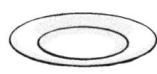

талерка

чиния

супавая талерка

чиния за супа

сподак

чинийка

соус

сос

сальніца

солница

млынок для перцу

мелничка за черен пипер

воцат

оцет

алей

олио

спецыі

подправки

кетчуп

кетчуп

гарчыца

горчица

маянэз

майонеза

супермаркет

супермаркет

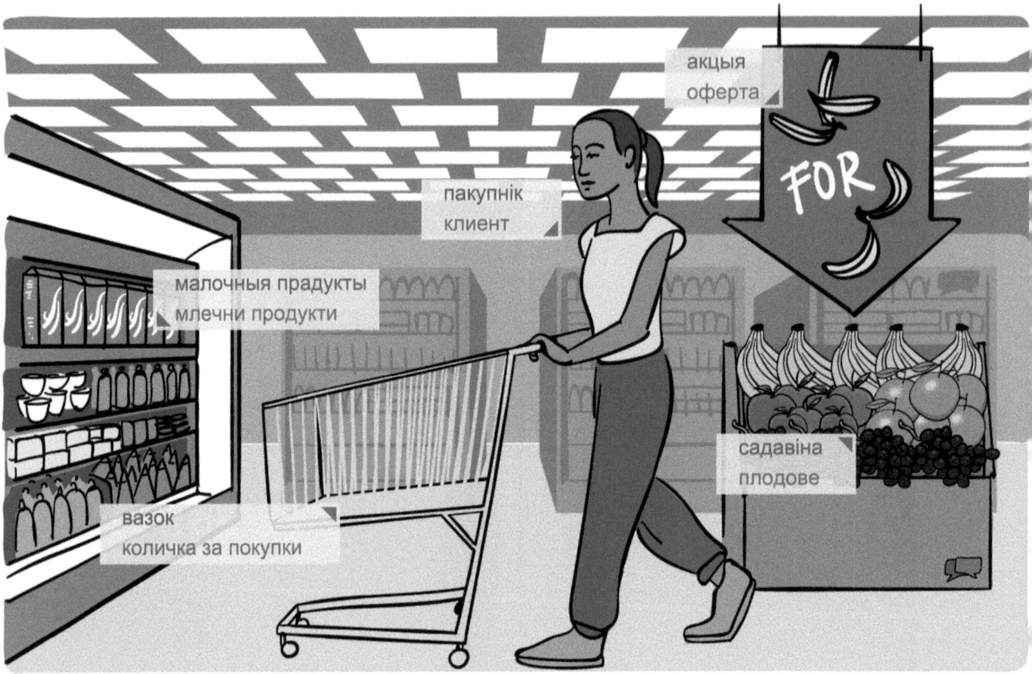
акцыя
оферта
пакупнік
клиент
малочныя прадукты
млечни продукти
садавіна
плодове
вазок
количка за покупки
FOR

BUTCHERS

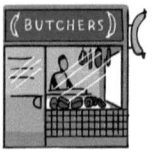

мясная крама

кланица

BAKERY

хлебны магазін

хлебарница

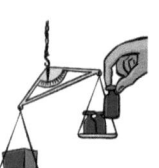

важыць

тегля

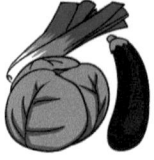

гародніна

зеленчуци

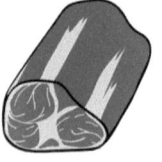

мяса

месо

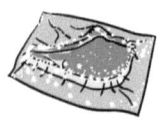

свежазамарожаныя прадукты

дълбоко замразена храна

нарэзка

нарязан колбас или сирене

кансервы

консерви

пральны парашок

перилен препарат

прысмакі

лакомства

хатнія прылады

домакински изделия

чысцячы сродак

почистващи препарати

прадавец

продавачка

каса

каса

касір

касиер

спіс пакупак

списък на покупките

гадзіны працы

работно време

бумажнік

портфейл

крэдытная картка

кредитна карта

сумка

чанта

пакет

пластмасова торба

вада

вода

сок

сок

малако

мляко

кола

кола

віно

вино

піва

бира

алкаголь

алкохол

какава

какао

гарбата (чай)

чай

кава

кафе машина

эспрэса

еспресо

капучына

капучино

банан

банан

яблык

ябълка

апельсін

портокал

дыня

пъпеш

лімон

лимон

морква

морков

часнок

чесън

бамбук

бамбук

цыбуля

лук

грыб

гъба

арэхі

ядки

локшына

макарони

спагеці

спагети

рыс

ориз

салата

салата

бульба фры

пържени картофи

смажаная бульба

печени картофи

піца

пица

гамбургер

хамбургер

бутэрброд

сандвич

шніцаль

шницел

вяндліна

шунка

салямі

траен колбас

каўбаса

салам

курыца

пиле

смажаніна

печено

рыбак

риба

аўсяныя камякі

овесени ядки

мюслі

мюсли

кукурузныя шматкі

корнфлейкс

мука

брашно

круасан

кроасан

булачка

хлебчета

хлеб

хляб

тост

препечена филийка

пячэнне

бисквити

масла

масло

тварог

извара

пірог

сладкиш

яйка

яйце

яечня

яйца на очи

сыр

сирене

марожанае

сладолед

цукар

захар

мёд

мед

варэнне

мармалад

нуга

нуга крем

кары

къри

сядзіба
селски двор

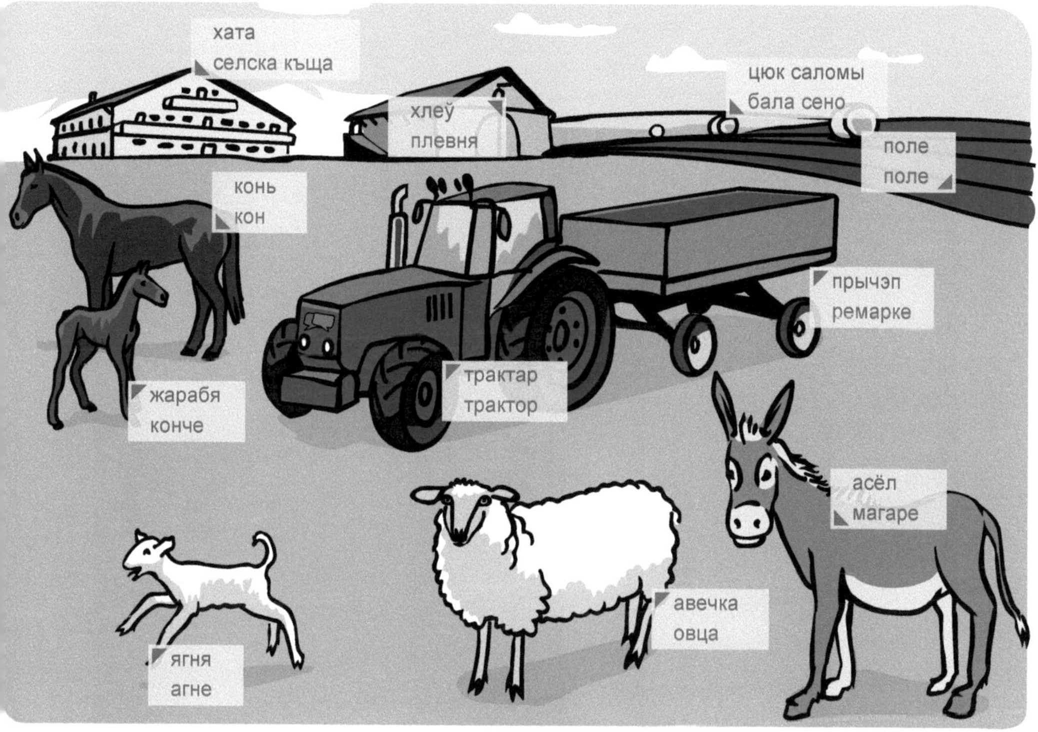
хата
селска къща
хлеў
плевня
цюк саломы
бала сено
поле
поле
конь
кон
прычэп
ремарке
жарабя
конче
трактар
трактор
асёл
магаре
авечка
овца
ягня
агне

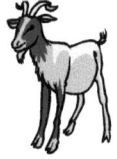

каза
коза

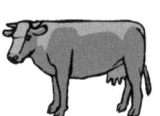

карова
крава

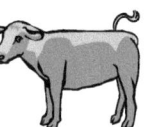

цяля
теле

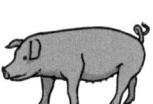

свіння
свиня

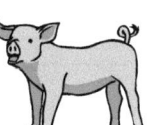

парася
прасенце

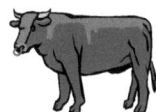

бык
бик

гусак
гъска

качка
патица

кураня
пиленце

курыца
кокошка

певень
петел

пацук
плъх

кот
котка

мыш
мишка

вол
вол

сабака
куче

сабачая будка
кучешка колиба

садовы шланг
градински маркуч

палівачка
лейка

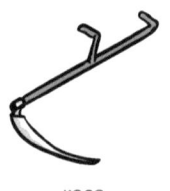

каса
коса

плуг
плуг

сядзіба - селски двор

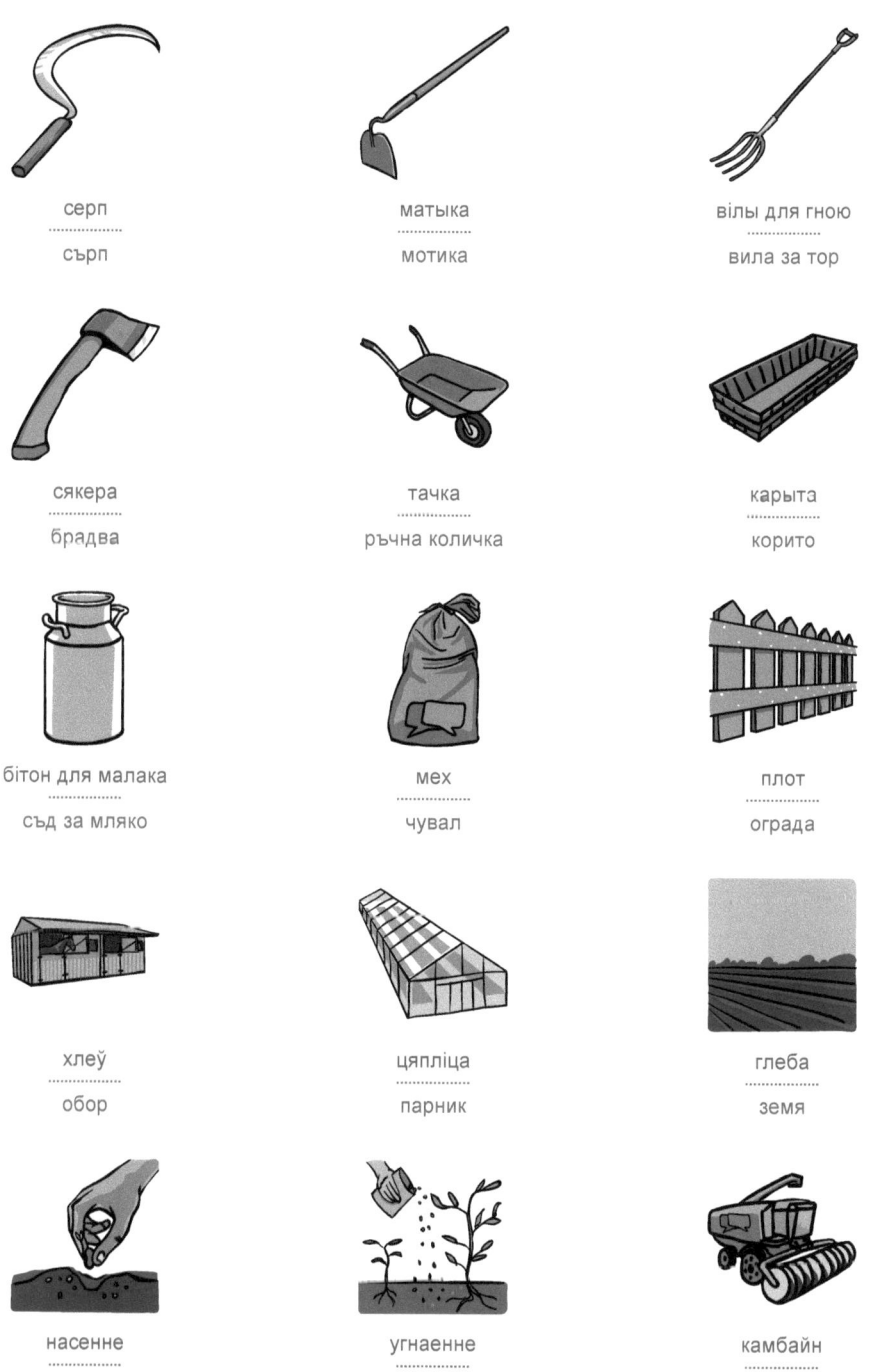

серп
сърп

матыка
мотика

вілы для гною
вила за тор

сякера
брадва

тачка
ръчна количка

карыта
корито

бітон для малака
съд за мляко

мех
чувал

плот
ограда

хлеў
обор

цяпліца
парник

глеба
земя

насенне
сеитба

угнаенне
тор

камбайн
комбайн

збіраць ураджай

жъна

ураджай

реколта

ямс

ямс

пшаніца

жито

соя

соя

бульба

картоф

кукуруза

царевица

рапс

рапица

садовае дрэва

овощно дърво

маніёк

маниока

збожжа

зърнени храни

сядзіба - селски двор

дом

къща

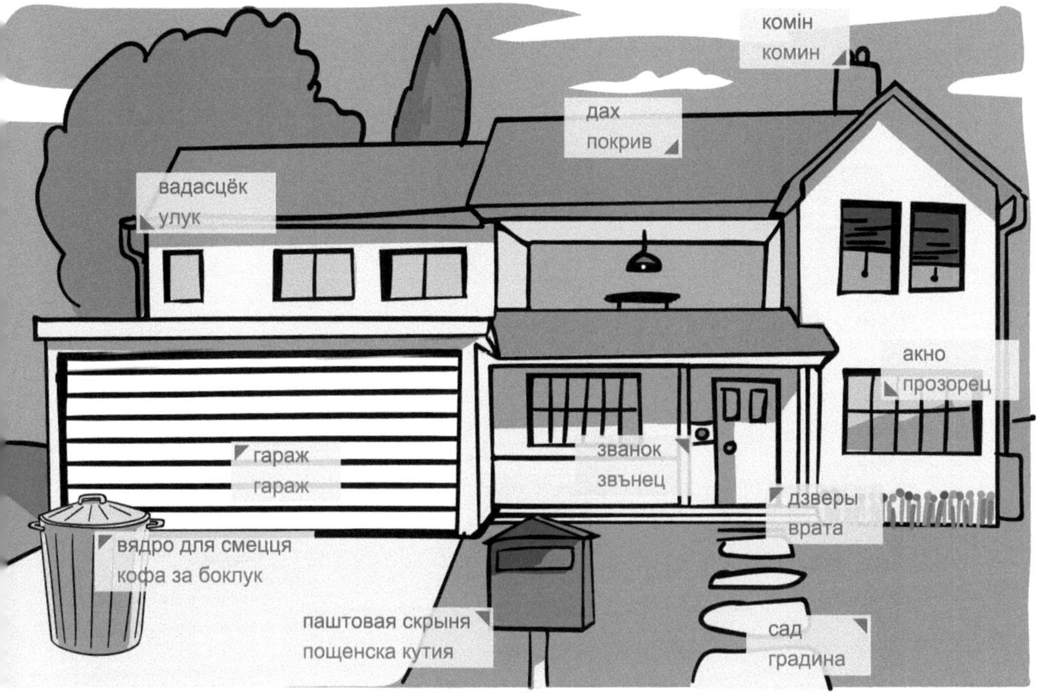

комін
комин
дах
покрив
вадасцёк
улук
акно
прозорец
гараж
гараж
званок
звънец
дзверы
врата
вядро для смецця
кофа за боклук
паштовая скрыня
пощенска кутия
сад
градина

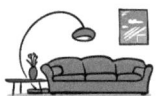

жылы пакой

всекидневна

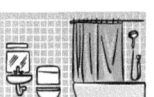

ванная

баня

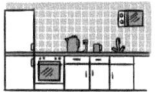

кухня

кухня

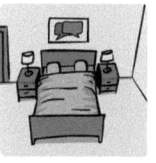

спальны пакой

спалня

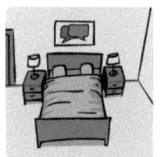

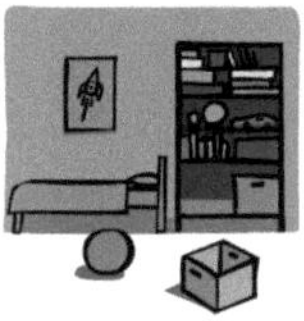

дзіцячы пакой

детска стая

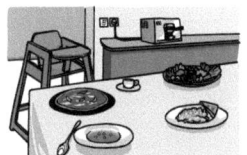

сталоўка

трапезария

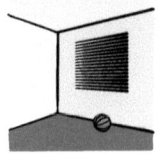

падлога
под

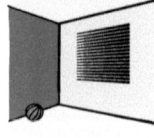

сцяна
стена

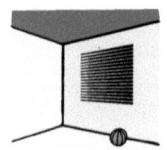

столь
таван

падвал
изба

саўна
сауна

балкон
балкон

тэраса
тераса

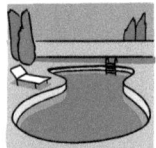

басейн
плувен басейн

касілка
косачка

падкоўдранік
спално бельо

коўдра
покривка за легло

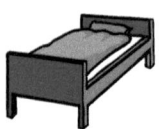

ложак
легло

венік
метла

вядро
кофа

выключальнік
електрически ключ

жылы пакой

всекидневна

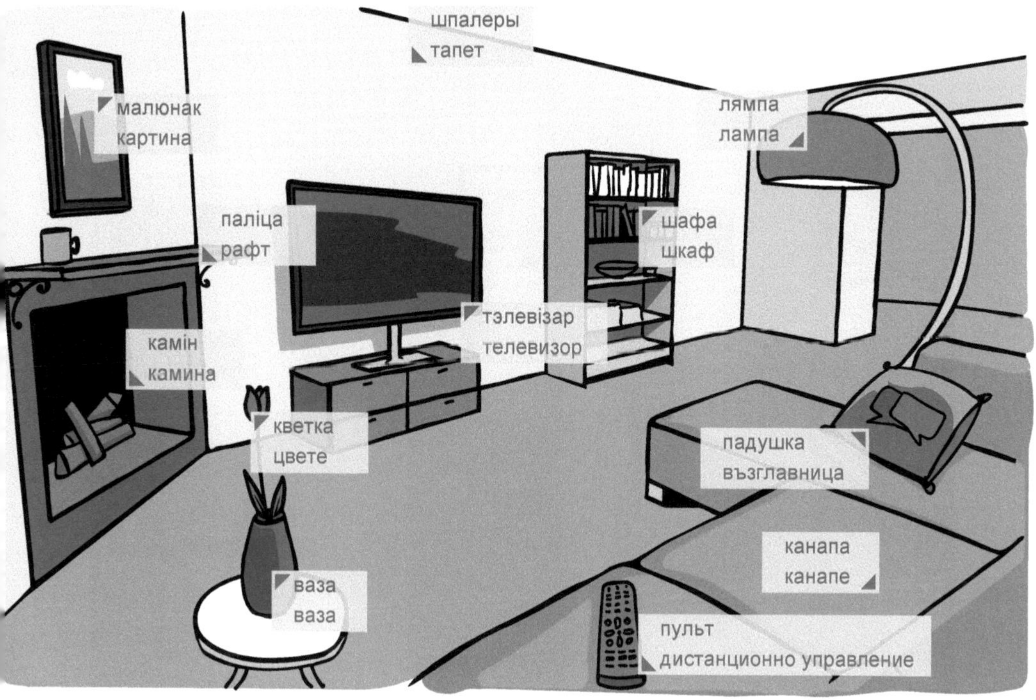

шпалеры
тапет
малюнак
картина
лямпа
лампа
паліца
рафт
шафа
шкаф
тэлевізар
телевизор
камін
камина
кветка
цвете
падушка
възглавница
канапа
канапе
ваза
ваза
пульт
дистанционно управление

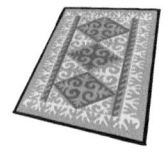

дыван

килим

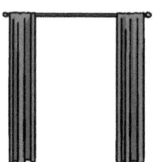

фіранка

завеса

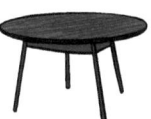

стол

маса

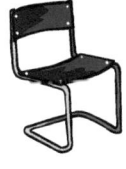

крэсла

стол

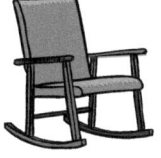

крэсла-качалка

люлеещ се стол

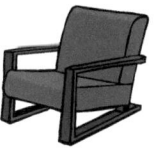

крэсла

кресло

кніга
книга

коўдра
одеяло

дэкарацыя
декорация

дровы
дърва за отопление

кіно
филм

стэрэасістэма
стерео уредба

ключ
ключ

газета
вестник

карціна
живопис

постар
постер

радыё
радио

нататнік
бележник

пыласос
прахосмукачка

кактус
кактус

свечка
свещ

кухня

кухня

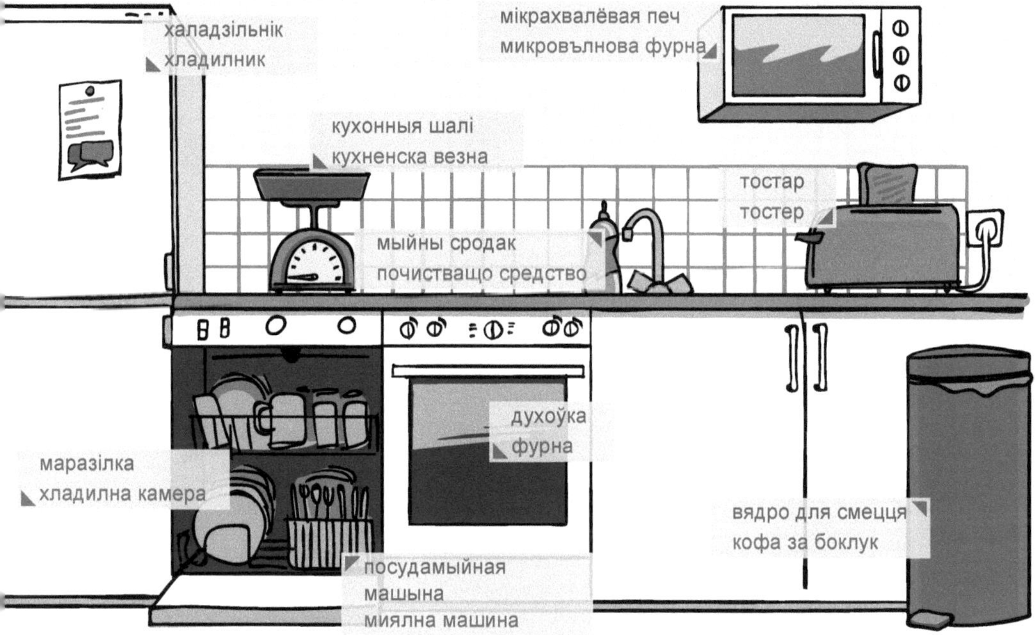
халадзільнік
хладилник
мікрахвалёвая печ
микровълнова фурна
кухонныя шалі
кухненска везна
тостар
тостер
мыйны сродак
почистващо средство
духоўка
фурна
маразілка
хладилна камера
вядро для смецця
кофа за боклук
посудамыйная
машына
миялна машина

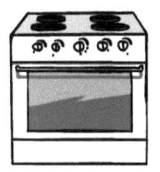

пліта
....
готварска печка

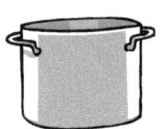

рондаль
....
тенджера

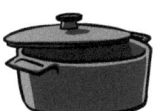

чыгунок
....
желязна тенджера

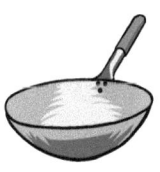

Вок / кадаі
....
уок / кадаи

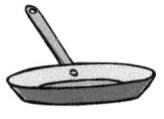

патэльня
....
тиган

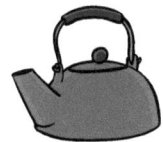

чайнік
....
кана за затопляне на вода

параварка

уред за готвене на пара

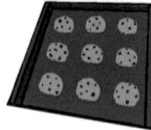

бляха

тава за печене

посуд

съдове

кубак

чаша

міска

купа

палачкі для ежы

клечки за хранене

чарпак

черпак

лапатачка

лопатка за тиган

збівалка

тел за разбиване (на яйца, белтъци)

сіта для варэння

кошница за варене

сіта

гевгир

тарка

ренде

ступка

хаван

грыль

барбекю

вогнішча

огнище

дошка

дъска

качалка

точилка

штопар

тирбушон

бляшанка

кутия

адкрывалка

отварачка за консерви

прыхваткі

кухненска ръкохватка

ракавіна

мивка

шчотка

четка

губка

гъба

міксер

миксер

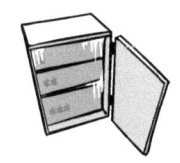

маразільная камера

фризер

бутэлечка

бебешко шише

вадаправодны кран

воден кран

ванная
баня

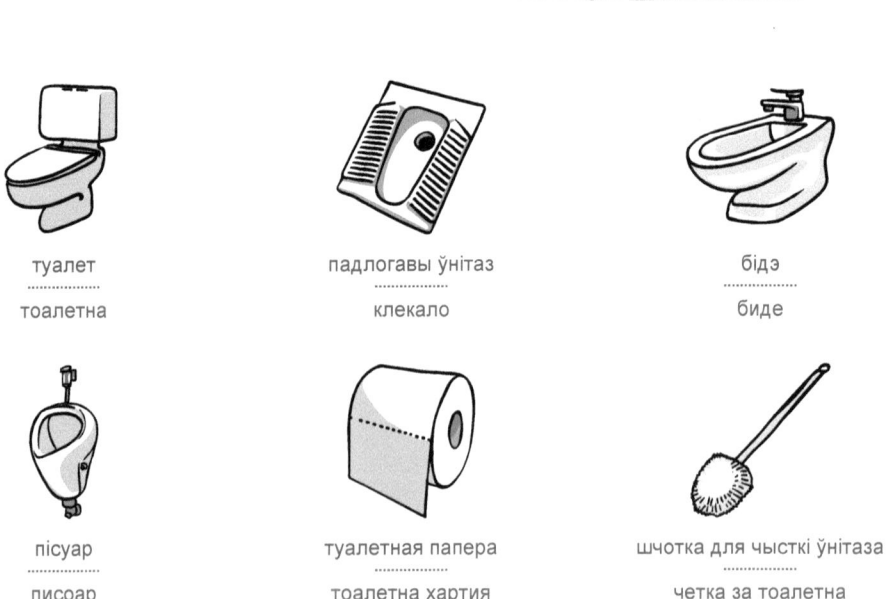

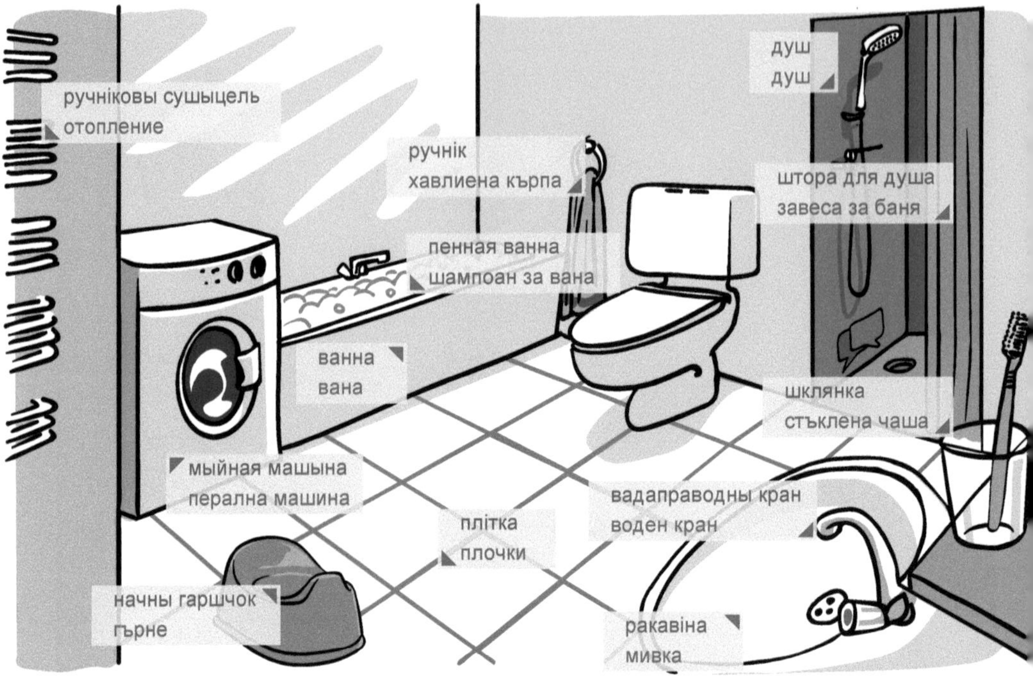

ручніковы сушыцель
отопление
ручнік
хавлиена кърпа
душ
душ
штора для душа
завеса за баня
пенная ванна
шампоан за вана
ванна
вана
шклянка
стъклена чаша
мыйная машына
перална машина
вадаправодны кран
воден кран
плітка
плочки
начны гаршчок
гърне
ракавіна
мивка

туалет

тоалетна

падлогавы ўнітаз

клекало

бідэ

биде

пісуар

писоар

туалетная папера

тоалетна хартия

шчотка для чысткі ўнітаза

четка за тоалетна

зубная шчотка

четка за зъби

зубная паста

паста за зъби

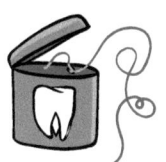

зубная нітка

конец за зъби

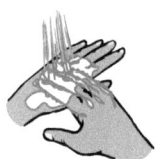

мыць

мия

ручны душ

ръчен душ

інтымны душ

интимен душ

умывальнік

леген

шчотка для спіны

четка за гръб

мыла

сапун

гель для душа

душ гел

шампунь

шампоан за вана

вяхотка

гъба за баня

вадасцёк

сифон

крэм

крем

дэзадарант

дезодорант

люстэрка

огледало

касметычнае люстэрка

козметично огледало

станок для галення

ръчна самобръсначка

пена для галення

пяна за бръснене

ласьён пасля галення

одеколон за след
бръснене

грэбень

гребен

шчотка

четка

фен

сешоар

лак для валасоў

спрей за коса

касметыка

грим

памада

червило

лак для пазногцяў

лак за нокти

вата

памук

манікюрныя нажніцы

ножица за нокти

духі

парфюм

касметычка

тоалетна чантичка

табурэтка

табуретка

вагі

везна

лазневы халат

хавлия

санітарныя пальчаткі

домакински ръкавици

тампон

тампон

гігіенічныя пракладкі

дамски превръзки

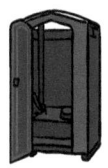

біятуалет

химическа тоалетна

ванная - баня

дзіцячы пакой

детска стая

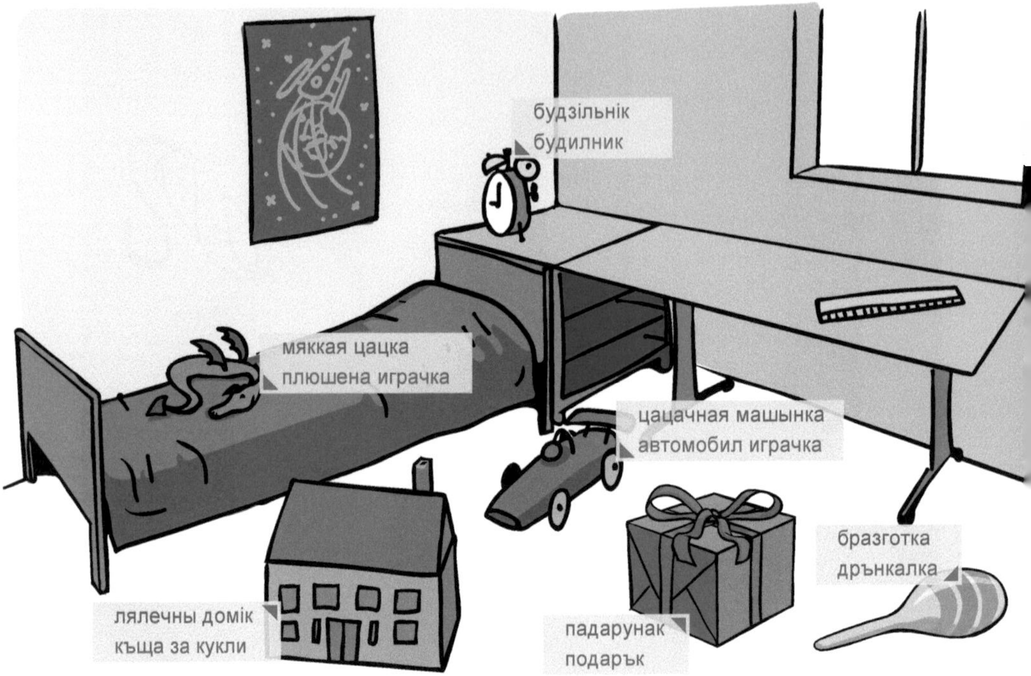
будзільнік
будилник
мяккая цацка
плюшена играчка
цацачная машынка
автомобил играчка
бразготка
дрънкалка
лялечны домік
къща за кукли
падарунак
подарък

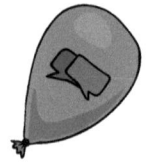

надзіманы шарык

балон

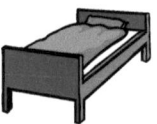

ложак

легло

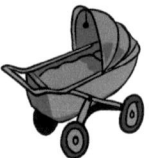

дзіцячая каляска

детска количка

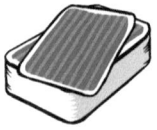

калода картаў

игра на карти

пазл

пъзел

SUPER
MEGA

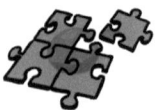

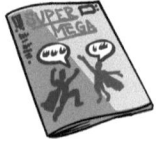

комікс

комикс

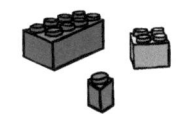

канструктар "Лега"

лего елементи

канструктар

строителни елементи

экшэн-фігурка

екшън фигурка

дзіцячы гарнітур

бебешки гащеризон

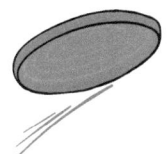

фрызбі

фрисби

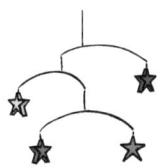

дзіцячы мабіль

бебешки играчки за легло

настольная гульня

настолна игра

кубік

зарче

дзіцячая чыгунка

миниатюрно влакче

пустышка

биберон

дзіцячае свята

парти

кніга з малюнкамі

детска книга с илюстрации

мячык

топка

лялька

кукла

гуляцца

играя

пясочніца

пясъчник

арэлі

люлка

цацкі

играчка

гульнявая відэа прыстаўка

игрова конзола

трохколавы ровар

велосипед с три колелета

плюшавы мішка

плюшено мече

шафа

гардероб

адзенне

облекло

шкарпэткі

къси чорапи

панчохі

дълги чорапи

калготкі

чорапогащник

шалік
шал

рамень
колан

парасон
чадър

цішотка
Т-шърт

красоўкі
гуменки

боты
ботуши

пантоплі
пантофи

сандалі
сандали

абутак
обувки

гумовыя боты
гумени ботуши

трусы
слип

бюстгальтар
сутиен

майка
долна блуза

адзенне - облекло

бодзі
боди

штаны
панталон

джынсы
дънки

спадніца
пола

блузка
блуза

кашуля
риза

джэмпер
пуловер

талстоўка
суичър

блэйзер
блейзър

куртка
яке

паліто
палто

дажджавік
дъждобран

касцюм
костюм

сукенка
рокля

вясельная сукенка
булчинска рокля

касцюм

костюм

начная сарочка

нощница

піжама

пижама

сары

сари

хустка

кърпа за глава

цюрбан

тюрбан

паранджа

бурка

каптан

кафтан

Абая

абая

купальнік

бански костюм

плаўкі

плувни шорти

шорты

къс панталон

спартыўны касцюм

анцуг

фартух

престилка

пальчаткі

ръкавици

гузік

копче

акуляры

очила

бранзалет

гривна

каралі

верижка

кальцо

пръстен

завушніца

обеца

кепка

каскет

вешалка

закачалка

капялюш

шапка

гальштук

вратовръзка

маланка

цип

шлем

каска

падцяжкі

тиранти

школьная форма

ученическа униформа

уніформа

униформа

нагруднік
лигавник

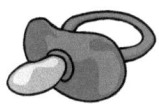

пустышка
биберон

падгузнік
пелена

сервер
сървър

канцылярская шафа
шкаф за документи

прынтэр
принтер

манітор
монитор

папера
хартия

пісьмовы стол
бюро

мыш
мишка

тэчка
папка

клавіятура
клавиатура

смеццевы кошык
кошче за хартиени отпадъци

кампутар
компютър

крэсла
стол

кубак для кавы (філіжанка)

чаша за кафе

калькулятар
джобен калкулатор

інтэрнэт
интернет

ноўтбук

лаптоп

ліст

писмо

паведамленне

съобщение

мабільны тэлефон

мобилен телефон

сетка

мрежа

ксеракс

ксерокс

праграмнае забеспячэнне

софтуер

тэлефон

телефон

разетка

контакт

факс

факс

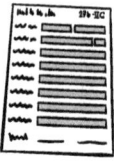

фармуляр

формуляр

дакумент

документ

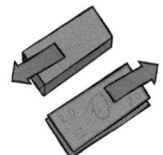

купляць
....
купувам

плаціць
....
плащам

гандляваць
....
търгувам

грошы
....
пари

USD

долар
....
долар

EUR

еўра
....
евро

JPY

ена
....
йена

RUB

рубель
....
рубла

CHF

франк
....
швейцарски франк

CNY

кітайскі юань
....
ренминби юан

INR

рупія
....
рупия

банкамат
....
банкомат

абменны пункт

обменно бюро

золата

злато

срэбра

сребро

нафта

нефт

энергія

енергия

цана

цена

кантракт

договор

падатак

данък

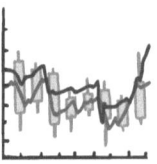

акцыя

акция

працаваць

работя

служачы

служител

працадаўца

работодател

фабрыка

фабрика

крама

магазин за цветя

прафесіі

професии

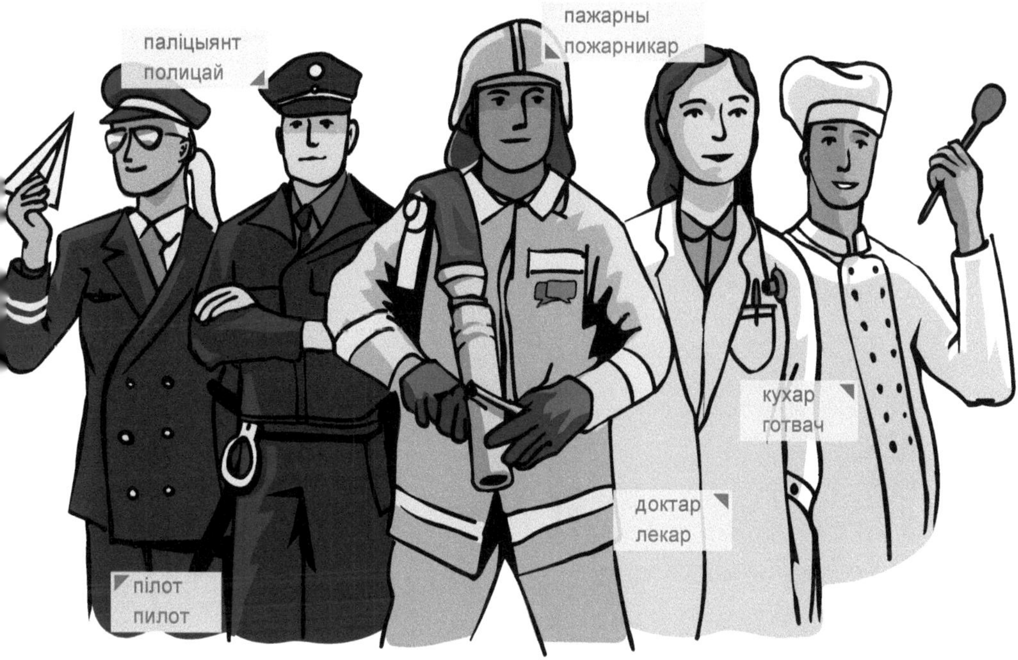
паліцыянт
полицай
пажарны
пожарникар
кухар
готвач
доктар
лекар
пілот
пилот

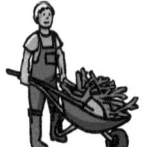

садоўнік

градинар

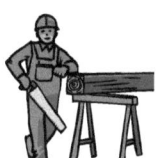

слесар

мебелист

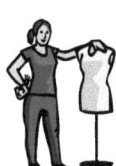

швачка

шивачка

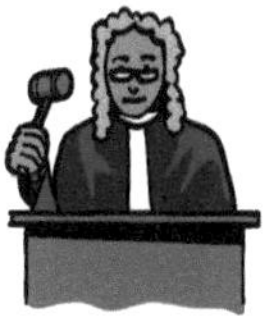

суддзя

съдия

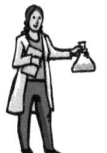

хімік

химик

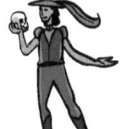

артыст

артист

кіроўца аўтобуса

шофьор на автобус

таксіст

шофьор на такси

рыбак

рибар

прыбіральшчыца

чистачка

страхар

майстор на покриви

афіцыянт

келнер

паляўнічы

ловец

мастак

художник

пекар

хлебар

электрык

електротехник

будаўнік

строителен работник

інжынер

инженер

мяснік

касапин

сантэхнік

тенекеджия

паштальён

пощальон

салдат

войник

архітэктар

архитект

касір

касиер

фларыст

цветар

цырульнік

фризьор

кандуктар

кондуктор

механік

механик

капітан

капитан

стаматолаг

зъболекар

вучоны

научен работник

рабін

равин

імам

имàм

манах

монах

святар

свещеник

інструменты
инструменти

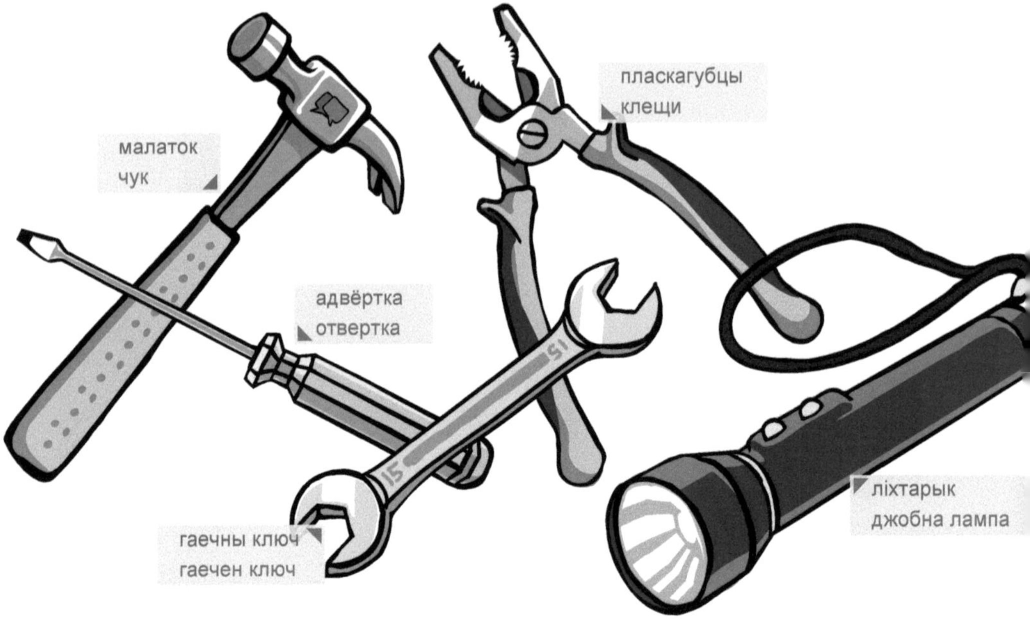

малаток
чук
пласкагубцы
клещи
адвёртка
отвертка
ліхтарык
джобна лампа
гаечны ключ
гаечен ключ

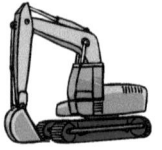

экскаватар

багер

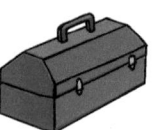

скрыня для інструментаў

кутия за инструменти

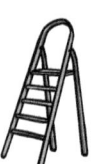

дравіны

стълба

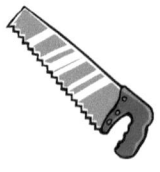

піла

трион

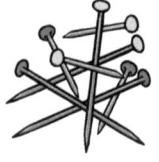

цвікі

пирони

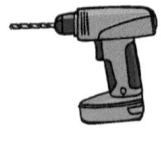

дрыль

бормашина

рамантаваць

ремонтирам

рыдлеўка

лопата

Халера!

По дяволите!

шуфлік для смецця

лопатка за смет

вядро з фарбаю

кутия за боя

балты

болтове

музычныя інструменты
музикални инструменти

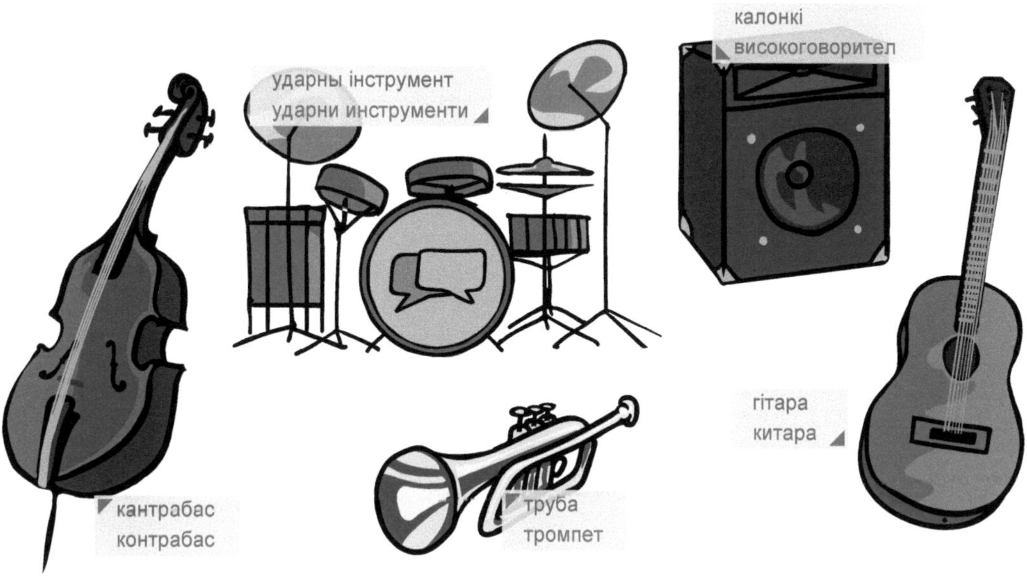

калонкі
високоговорител

ударны інструмент
ударни инструменти

гітара
китара

кантрабас
контрабас

труба
тромпет

піяніна

пиано

скрыпка

виолина

басгітара

контрабас

літаўры

тимпан

барабан

барабан

клавішны электрамузычны
інструмент

електрическо пиано

саксафон

саксофон

флейта

флейта

мікрафон

микрофон

заапарк

зоологическа градина

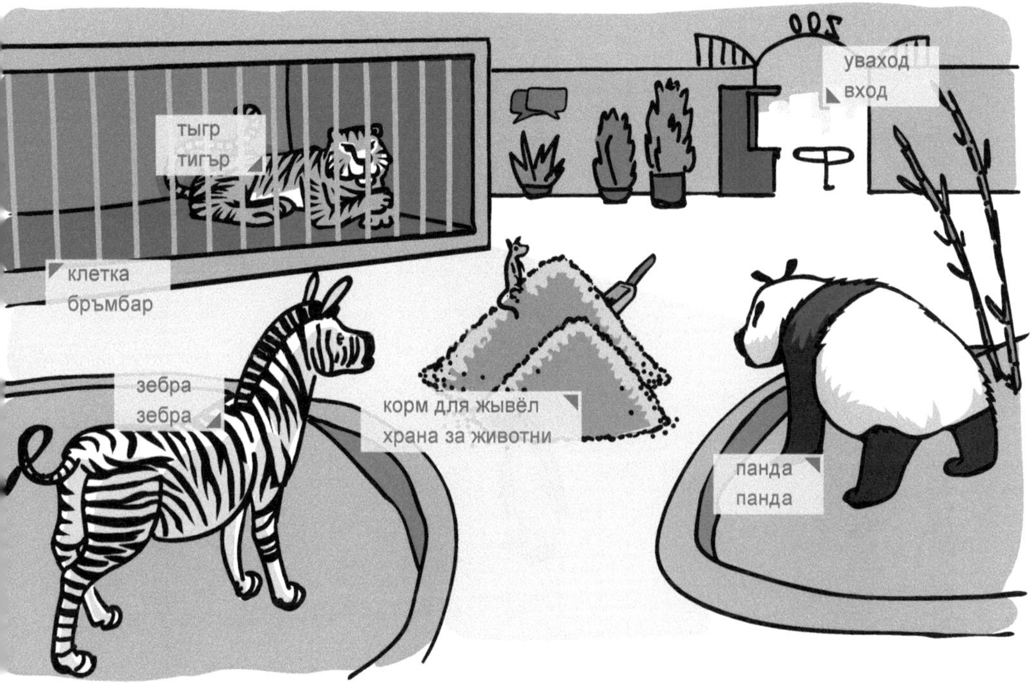

тыгр
тигър
уваход
вход
клетка
бръмбар
зебра
зебра
корм для жывёл
храна за животни
панда
панда

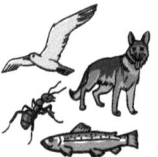

жывёлы

животни

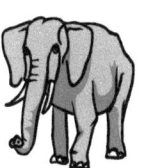

слон

слон

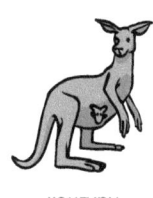

кенгуру

кенгуру

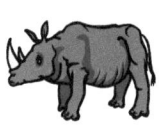

насарог

носорог

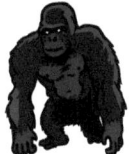

гарыла

горила

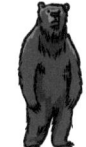

мядзведзь

мечка

вярблюд

камила

стравус

щраус

леў

лъв

малпа

маймуна

фламінга

фламинго

папугай

папагал

белы мядзведзь

бяла мечка

пінгвін

пингвин

акула

акула

паўлін

паун

змяя

змия

кракадзіл

крокодил

наглядчык заапарка

пазач в зоологическа
градина

цюлень

тюлен

ягуар

ягуар

поні

пони

леапард

леопард

бегемот

хипопотам

жыраф

жираф

арол

орел

дзік

диво прасе

рыбак

риба

чарапаха

костенурка

морж

морж

ліса

лисица

газель

газела

амерыканскі футбол
американски футбол

веласпорт
колоездене

тэніс
тенис

баскетбол
баскетбол

плаванне
плуване

бокс
бокс

хакей з шайбай
хокей на лед

футбол
футбол

бадмінтон
бадминтон

лёгкая атлетыка
лека атлетика

гандбол
хандбал

горныя лыжы
ски бягане

пола
поло

дзейнасць

дейности

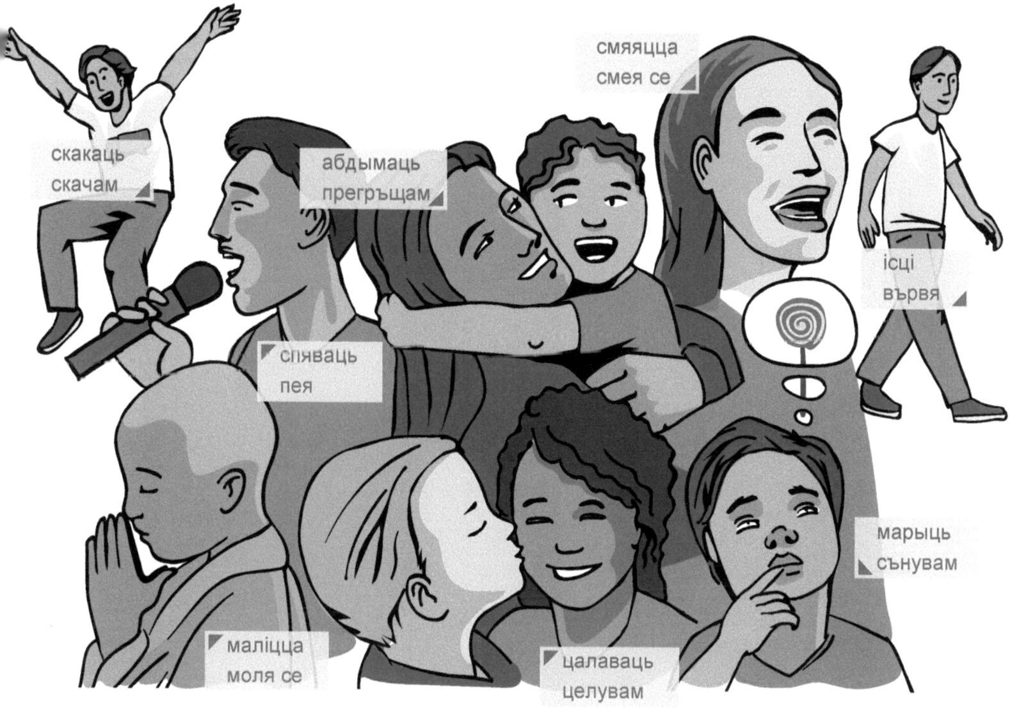
смяяцца
смея се
скакаць
скачам
абдымаць
прегръщам
ісці
вървя
спяваць
пея
марыць
сънувам
маліцца
моля се
цалаваць
целувам

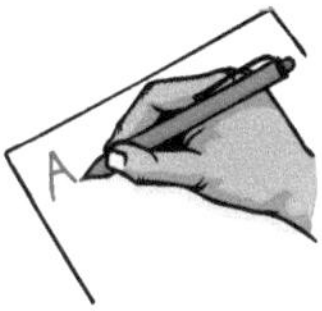
пісаць
пиша

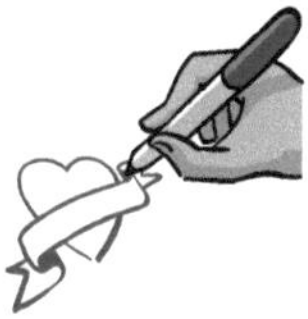
маляваць
рисувам

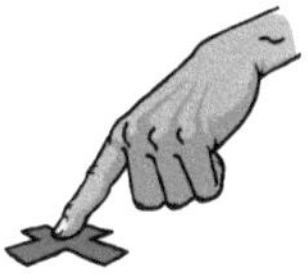
паказваць
показвам

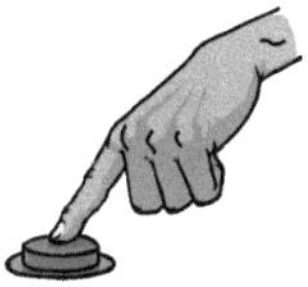
націснуць
бутам

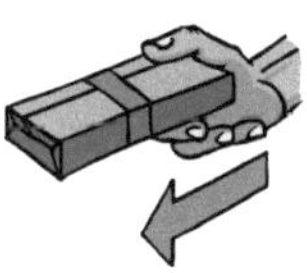
даваць
давам

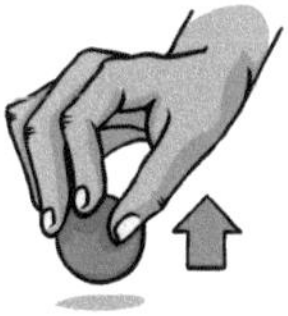
браць
взимам

маць
имам

выконваць
правя

быць
съм

стаяць
стоя

бегчы
тичам

цягнуць
дърпам

кідаць
хвърлям

падаць
падам

ляжаць
лежа

чакаць
чакам

насіць
нося

сядзець
седя

апранацца
обличам

спаць
спя

прачынацца
събуждам се

глядзець

разглеждам

плакаць

плача

лашчыць

милвам

прычэсвацца

реша се

гаварыць

говоря

разумець

разбирам

пытаць

питам

чуць

слушам

піць

пия

есці

ям

прыбіраць

разтребвам

кахаць

обичам

гатаваць

готвя

ехаць

карам автомобил

лятаць

летя

плаваць пад ветразем

плавам (с платна)

лічыць

смятане

чытаць

чета

вучыць

уча

працаваць

работя

уступаць у шлюб

женя се

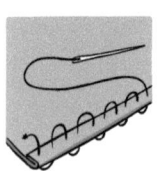

шыць

шия

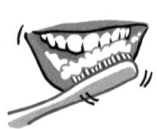

чысціць зубы

измивам си зъбите

забіваць

убивам

курыць

пуша

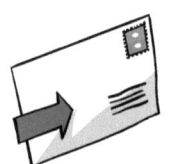

пасылаць

изпращам

бабуля
баба

дзядуля
дядо

бацька
баща

маці
майка

дзіця
бебе

дачка
дъщеря

сын
син

госць

посетител

цётка

леля

дзядзька

чичо

брат

брат

сястра

сестра

цела
тяла

лоб
чело
вока
око
плячо
рамо
палец
пръст
твар
лице
падбародак
брадичка
рука
ръка
грудзі
гърди
нага
крак
рука
ръка

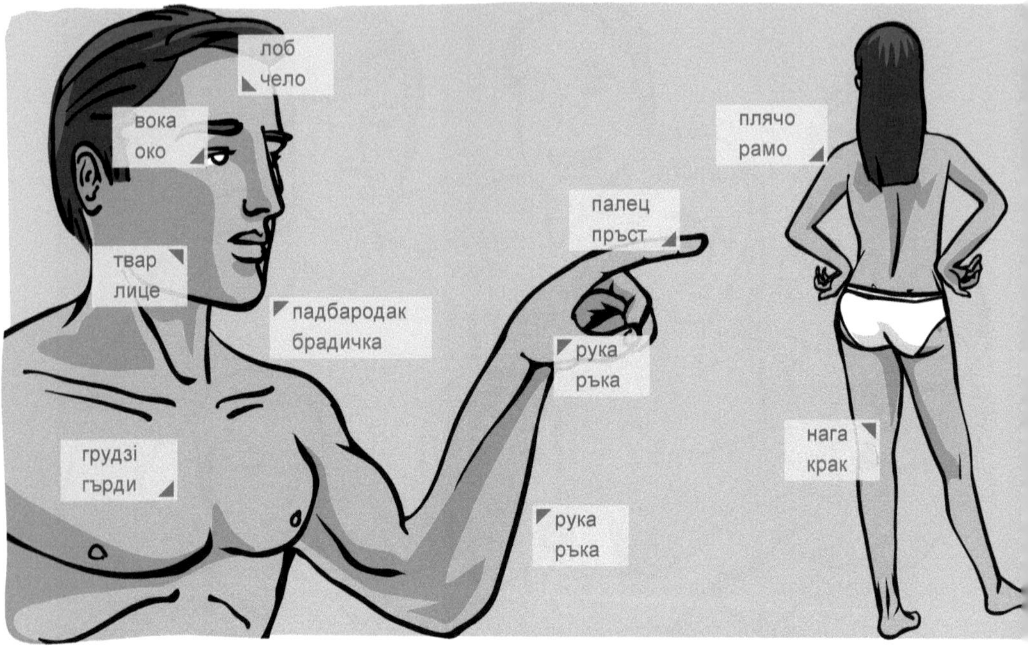

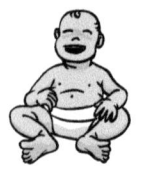

дзіця

бебе

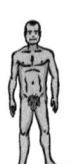

мужчына

мъж

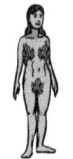

жанчына

жена

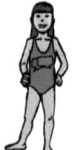

дзяўчынка

момиче

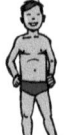

хлопчык

момче

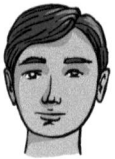

галава

глава

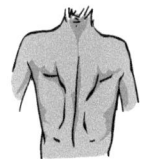

спіна
гръб

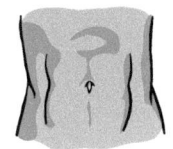

жывот
корем

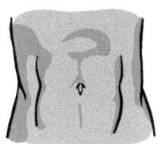

пуп
пъп

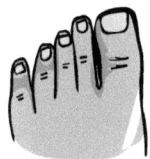

палец нагі
пръст на крака

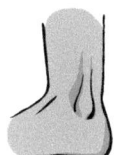

пятка
пета

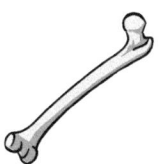

костка
кост

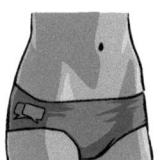

бядро
хълбок

калена
коляно

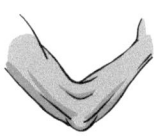

локаць
лакът

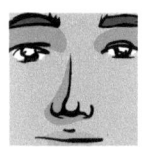

нос
нос

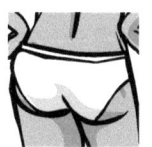

ягадзіца
седалище

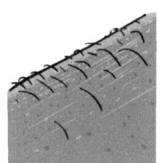

скура
кожа

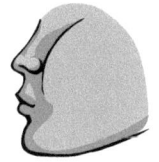

шчака
буза

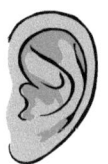

вуха
ухо

губа
устна

рот
уста

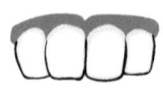

зуб
зъб

язык
език

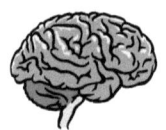

галаўны мозг
мозък

сэрца
сърце

мышца
мускул

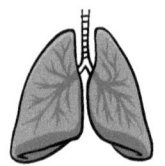

лёгкае
бял дроб

пячонка
черен дроб

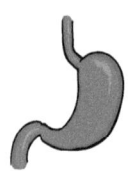

страўнік
стомах

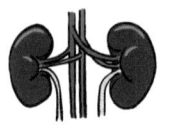

ныркі
бъбреци

сэкс
полово сношение

прэзерватыў
кондом

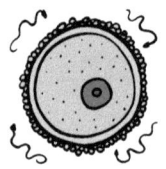

яйцаклетка
яйцеклетка

сперма
сперма

цяжарнасць
бременност

цела - тяло

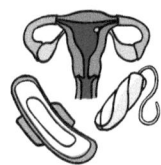

менструацыя
....
менструация

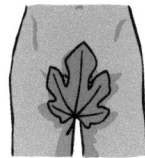

похва
....
вагина

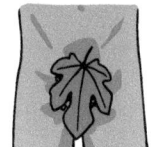

пеніс
....
пенис

брыво
....
вежда

валасы
....
коса

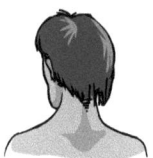

шыя
....
шия

шпіталь

болница

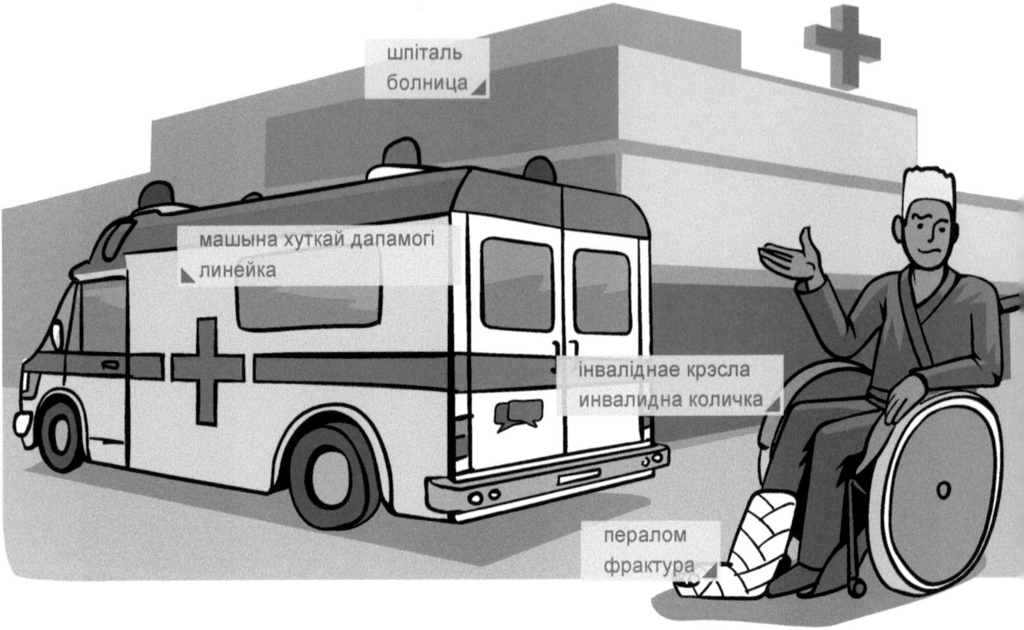

шпіталь
болница
машына хуткай дапамогі
линейка
інваліднае крэсла
инвалидна количка
пералом
фрактура

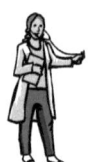

доктар

лекар

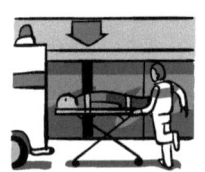

аддзяленне першай дапамогі

спешна хоспитализация

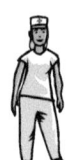

медсястра

медицинска сестра

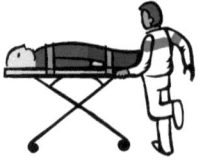

экстраная дапамога

спешен случай

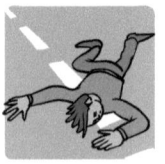

непрытомны

в безсъзнание

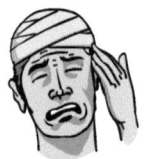

боль

болка

траўма
нараняване

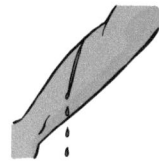

крывацёк
кървене

інфаркт
инфаркт

апаплексія
инсулт

алергія
алергия

кашаль
кашлица

гарачка
температура

грып
грип

панос
диария

галаўны боль
главоболие

рак
рак

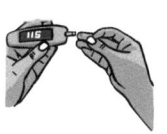

дыябет
диабет

хірург
хирург

скальпель
скалпел

аперацыя
операция

шпіталь - болница

КТ

компютърна томография

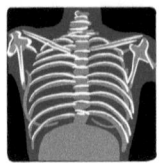

рэнтген

рентген

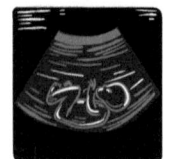

ультрагук

ултразвук

маска

маска

хвароба

болест

пачакальня

чакалня

мыліца

патерица

пластыр

пластир

бінт

превръзка

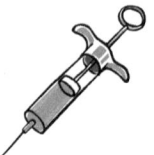

ін'екцыя

инжекция

стэтаскоп

стетоскоп

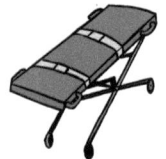

насілкі

носилка

градуснік

термометър

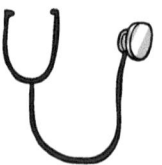

нараджэнне

раждане

лішняя вага

наднормено тегло

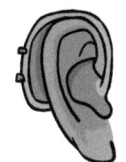

слухавы апарат

слухов апарат

дэзінфекцыйны сродак

дезинфекционно средство

інфекцыя

инфекция

вірус

вирус

ВІЧ/СНІД

HIV / AIDS

лекі

медицина

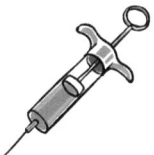

прышчэпка

ваксинация

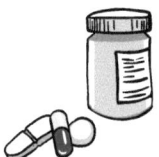

таблеткі

таблети

супрацьзачаткавая таблетка

противозачатъчна таблетка

экстраны выклік

спешно телефонно обаждане

танометр

апарат за измерване на кръвното налягане

хворы / здаровы

болен / здрав

Ратуйце!

Помощ!

сігналізацыя

сигнал за тревога

напад

нападение

атака

атака

небяспека

опасност

аварыйны выхад

аварien изход

Пажар!

Пожар!

вогнетушыцель

пожарогасител

аварыя

злополука

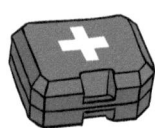

аптэчка

комплект за оказване на
първа помощ

СОС

SOS

паліцыя

полиция

Еўропа

Европа

Паўночная Амерыка

Северна Америка

Паўднёвая Амерыка

Южна Америка

Афрыка

Африка

Азія

Азия

Аўстралія

Австралия

Атлантычны акіян

Атлантически океан

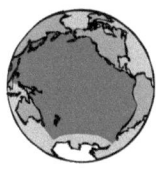

Ціхі акіян

Тихи океан

Індыйскі акіян

Индийски океан

Паўднёвы ледавіты акіян

Южен ледовит океан

Паўночны ледавіты акіян

Северен ледовит океан

Паўночны полюс

Северен полюс

Паўднёвы полюс

Южен полюс

Антарктыда

Антарктида

Зямля

Земя

краіна

суша

мора

море

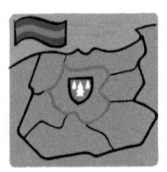

востраў

остров

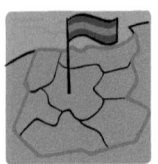

нацыя

нация

дзяржава

държава

цыферблат

циферблат

гадзінная стрэлка

стрелка на часовете

хвілінная стрэлка

стрелка на минутите

секундная стрэлка

стрелка на секундите

Колькі часу?

Колко е часът?

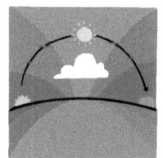

дзень

ден

час

време

зараз

сега

электронны гадзіннік

дигитален часовник

хвіліна

минута

гадзіна

час

панядзелак
понеделник

серада
сряда

пятніца
петък

аўторак
вторник

субота
събота

чацвер
четвъртък

нядзеля
неделя

ўчора

вчера

сёння

днес

заўтра

утре

раніца

сутрин

абед

обед

вечар

вечер

працоўныя дні

работни дни

выхадныя

уикенд

год

година

дождж
дъжд
вясёлка
дъга
вецер
вятър
снег
сняг
вясна
пролет
лета
лято
восень
есен
зіма
зима

4.APRIL 11°
5.APRIL 4°
6.APRIL 13°
7.APRIL 8°
8.APRIL 10°

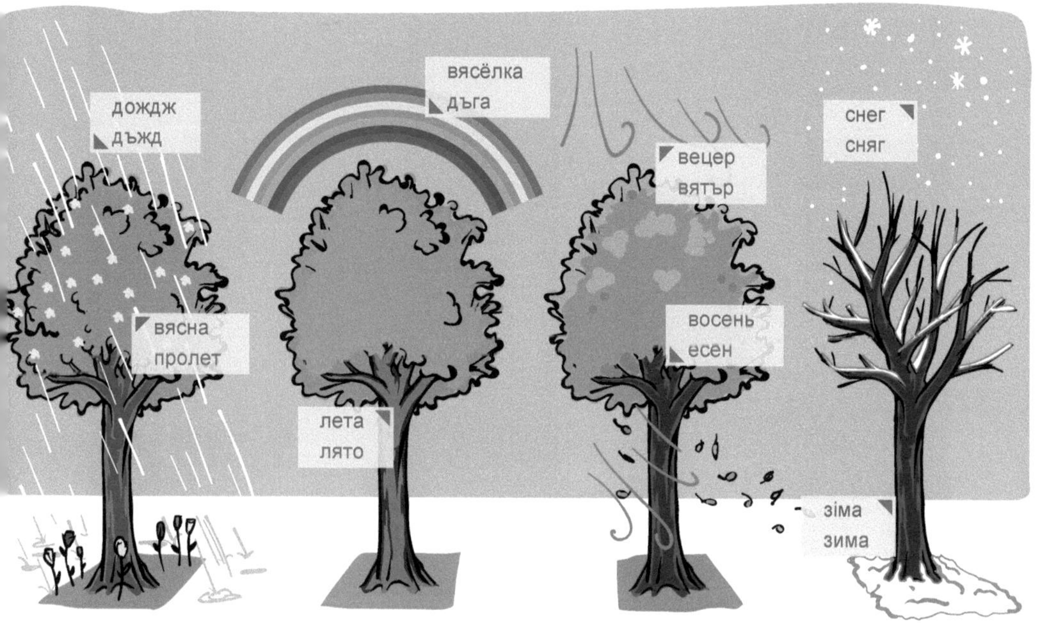

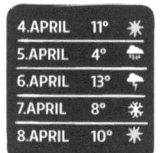

прагноз надвор'я

прогноза за времето

F C
120 40
90 30
60 20
30 10
0 0
-30 -10
-20

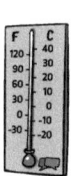

градуснік

термометър

сонечнае святло

слънчева светлина

воблака

облак

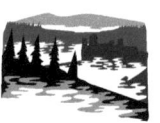

туман

мъгла

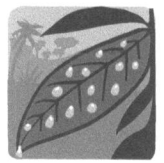

вільготнасць паветра

влажност на въздуха

маланка

светкавица

гром

гръмотевица

бура

буря

град

градушка

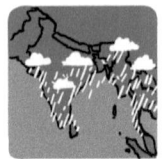

мусонны вецер

мусон

прыліў

наводнение

лёд

лед

студзень

януари

люты

февруари

сакавік

март

красавік

април

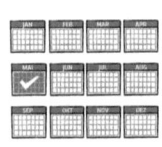

май

май

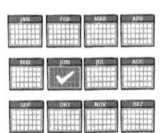

чэрвень

юни

ліпень

юли

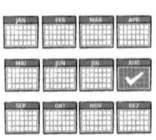

жнівень

август

год - година

верасень
....
септември

кастрычнік
....
октомври

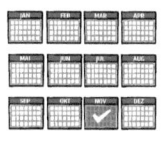

лістапад
....
ноември

снежань
....
декември

формы

форми

круг
....
кръг

квадрат
....
квадрат

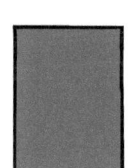

прамавугольнік
....
четириъгълник

трохвугольнік
....
триъгълник

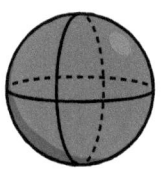

шар
....
сфера

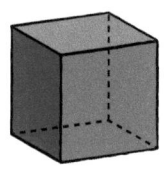

куб
....
куб

белы
....
бял

жоўты
....
жълт

аранжавы
....
оранжев

ружовы
....
розов

чырвоны
....
червен

фіялетавы
....
лилав

сіні
....
син

зялёны
....
зелен

карычневы
....
кафяв

шэры
....
сив

чорны
....
черен

шмат / мала

много / малко

злы / добры

ядосан / спокоен

прыгожы / брыдкі

красив / грозен

пачатак / канец

начало / край

высокі / малы

голям / малък

светлы / цёмны

светъл / тъмен

сястра / брат

брат / сестра

чысты / брудны

чист / мръсен

поўны / няпоўны

пълен / непълен

дзень / ноч

ден / нощ

мёртвы / жывы

мъртъв / жив

шырокі / вузкі

широк / тесен

ядомы / неядомы
....
ядлив / неядлив

злы / добры
....
сърдит / любезен

узбуджаны / нудны
....
развълнуван / скучаещ

тоўсты / тонкі
....
дебел / тънък

першы / апошні
....
най-напред / най-накрая

сябар / вораг
....
приятел / враг

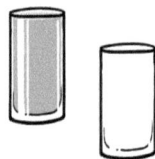

поўны / пусты
....
пълен / празен

цвёрды / мяккі
....
твърд / мек

важкі / лёгкі
....
тежък / лек

голад / смага
....
глад / жажда

хворы / здаровы
....
болен / здрав

нелегальны / легальны
....
нелегален / легален

разумны / дурны
....
интелигентен / глупав

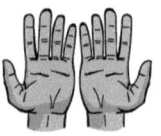

левы / правы
....
ляво / дясно

побач / далёка
....
близо / далече

новы / былы ва ўжыванні

нов / употребяван

нічога / нешта

нищо / нещо

стары / малады

стар / млад

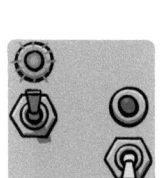

укл / выкл

вкп. / изкл.

адчынены / зачынены

отворен / затворен

ціхі / гучны

тих / силен (звук)

багаты / бедны

богат / беден

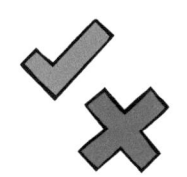

правільна / няправільна

правилен / погрешен

шурпаты / гладкі

грапав / гладък

сумны / шчаслівы

тъжен / щастлив

кароткі / доўгі

дълъг / къс

павольны / хуткі

бавен / бърз

вільготны / сухі

мокър / сух

цёплы / халаднаваты

топъл / студен

вайна / мір

война / мир

0

нуль

нула

1

адзін

едно

2

два

две

3

тры

три

4

чатыры

четири

5

пяць

пет

6

шэсць

шест

7

сем

седем

8

восем

осем

9

дзевяць

девет

10

дзесяць

десет

11

адзінаццаць

единадесет

12

дванаццаць
дванадесет

13

трынаццаць
тринадесет

14

чатырнаццаць
четиринадесет

15

пятнаццаць
петнадесет

16

шаснаццаць
шестнадесет

17

сямнаццаць
седемнадесет

18

васямнаццаць
осемнадесет

19

дзевятнаццаць
деветнадесет

20

дваццаць
двадесет

100

сто
сто

1.000

тысяча
хиляда

1.000.000

мільён
милион

англійская

англійски

англійская (Амерыка)

американски английски

кітайская мандарынская

китайски мандарин

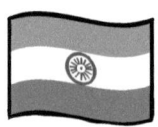

хіндзі

хинди

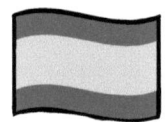

іспанская

испански

французская

френски

арабская

арабски

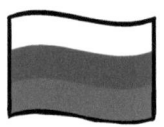

руская

руски

партугальская

португалски

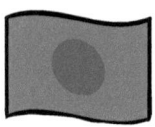

бенгальская

бенгалски

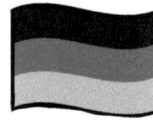

нямецкая

немски

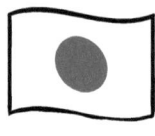

японская

японски

я
аз

ты
ти

ён / яна / яно
той / тя / то

мы
ние

вы
вие

яны
те

хто?
кой?

што?
какво?

як?
как?

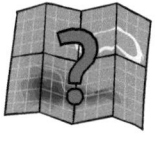

дзе?
къде?

калі?
кога?

імя
име

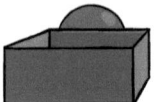

за
....
зад

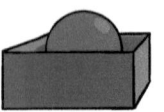

у
....
в

перад
....
пред

над
....
над

на
....
върху

пад
....
под

каля
....
до

паміж
....
между

месца
....
място